AF611638

# NOTICE

# SUR TALMA,

PAR MM. AD. LAUGIER ET A. MOTTET,

AUTEURS DE LA GALERIE BIOGRAPHIQUE DES ARTISTES DES THÉATRES ROYAUX.

Un grand homme appartient à l'Univers entier.

PARIS,

CHEZ DUVERNOIS, LIBRAIRE,

COUR DES FONTAINES, N° 4.

1826.

IMPRIMERIE DE VICTOR CABUCHET,
Rue du Bouloi, N° 4.

# AVANT-PROPOS.

Au moment où l'art dramatique vient de perdre son plus ferme appui dans la personne de Talma, nous avons pensé qu'une notice exacte, approuvée par Talma lui-même, serait accueillie avec non moins de bienveillance que d'intérêt. Cette notice (1), destinée à faire partie de la *Galerie biographique des Artistes des théâtres royaux*, a été lue à notre grand tragédien presqu'à ses derniers momens. Il a daigné nous témoigner sa satisfaction sur notre exactitude à rapporter les faits qu'il avait

(1) Le public pourrait peut-être s'étonner de voir deux noms d'auteurs en tête d'un si faible ouvrage : un seul de nous l'a composé; mais mutuellement responsables des articles de notre Biographie, nous n'avons pas cru devoir nous séparer lorsqu'il s'agissait de payer un tribut d'éloges aux mânes de notre plus grand acteur.

bien voulu nous communiquer lui-même. Certains d'avoir été historiens fidèles, il ne nous restait plus qu'à nous montrer juges sincères et impartiaux : les ouvrages les plus généralement estimés, les opinions récemment émises par les journaux les plus accrédités, nous ont servi de guides.

# NOTICE SUR TALMA.

Si l'on réfléchit sur la nature de tous les arts qui se rattachent à l'imagination, comme la poésie, la peinture, l'architecture, la musique, l'art dramatique, l'art oratoire, on reconnaît qu'ils ont tous pour but la traduction de la pensée. Ils ne diffèrent pas moins par les objets qu'ils peuvent reproduire que par leurs moyens d'atteindre à ce but. Mais les mots, les couleurs, la symétrie, les sons, les périodes oratoires ont des signes matériels par lesquels on les fixe : l'art théâtral est le seul dont les inspirations, non moins puissantes que fugitives, ne laissent pas de traces, pas même dans la mémoire de l'acteur, qui n'est point sûr de toujours retrouver les accens pathétiques ou sublimes. Cependant, parmi tous les arts, nommés si justement par Aristote *Arts d'imitation*, l'art théâtral, qui substitue l'homme à l'homme, est le plus immédiat, et c'est à cet avantage sans doute qu'il doit son influence irrésistible : mais c'est l'œuvre du génie de s'identifier avec le personnage qui dès-lors revit à nos yeux. Aussi, dans tous les siècles, cet art a été mis au premier rang. Roscius, chez les anciens, n'a pas été moins célèbre que Lekain et Garrick chez nos pères, et Talma dans notre siècle.

Talma (François-Joseph) naquit à Paris, le 15 janvier 1766 (1). Son père, célèbre dentiste, avant d'aller à Londres où il devait se fixer, l'avait laissé en France, pour y recevoir une éducation élémentaire. Le jeune Talma avait à peine atteint sa dixième année, lorsque le penchant qui l'entraînait dans la carrière théâtrale se manifesta de la manière la plus originale. Un jésuite du collége où il étudiait, avait composé une tragédie intitulée *Tamerlan*. Chargé de rendre compte de la mort du héros, Talma se pénétra si bien de la situation, que l'illusion devint complète pour lui-même. Dans le passage le plus pathétique de son récit, il fut suffoqué par ses larmes, et ne put continuer. On l'emporta hors de la scène; on tacha de lui démontrer qu'il n'y avait rien de réel dans ce qui venait de se passer; tous les efforts furent inutiles : le temps seul mit un terme à sa douleur dont l'excès inspira quelques craintes pour sa santé. Peu de temps après,

(1) Selon quelques biographes, 1762.

Talma partit pour l'Angleterre, dans l'intention de rejoindre son père et d'achever auprès de lui son éducation. De jeunes Français, établis dans ce pays, l'invitèrent à se réunir à eux pour jouer de petites comédies françaises. Ce spectacle tout à fait nouveau et plein d'intérêt, à une époque où les relations littéraires entre la France et sa rivale s'établissaient de plus en plus, attira un concours nombreux de spectateurs. Des personnages considérables, lord Harcourt, le prince de Galles, aujourd'hui roi d'Angleterre, honorèrent ces représentations de leur présence. Le jeu original de Talma fixa l'attention de ses auditeurs : sa vocation pour le théâtre parut décidée. Une foule de personnes engagèrent le père du célèbre artiste à le destiner à la scène anglaise ; mais malgré les convenances d'une pareille proposition (car Talma, élevé en Angleterre, parlait l'idiôme avec toute la pureté possible), les circonstances en disposèrent autrement : il était destiné à illustrer la scène où avait régné Lekain. A son retour à Paris, Molé et Dugazon lui conseillèrent de suivre les leçons du Conservatoire. Quinze jours après son entrée dans cette école (le 27 novembre 1787), il débuta au théâtre français (1). Ses débuts furent brillans ; depuis

(1) Talma avait perdu son père depuis long-temps. Il logeait avec un de ses oncles, dentiste de profession, qui voyait avec peine son neveu se destiner au théâtre, et paraître tantôt sur le théâtre de Doyen, à la boule rouge, tantôt sur celui situé rue Saint-Antoine.

long-temps on n'en avait vu qui fissent concevoir de plus grandes espérances. Aussi l'administration s'empressa-t-elle de s'attacher un acteur d'un talent si vrai, en lui accordant, en 1789, le titre de sociétaire. Moins jaloux de ses succès que d'une réputation solide, Talma songeait à compléter la révolution commencée par Lekain, en portant à son plus haut degré, sur la scène, la vérité de la diction, celle du geste et du costume. Il visita les musées, consulta les manuscrits anciens et les médailles, interrogea la sculpture et les monumens de tout genre, étudia l'agencement des draperies de Raphaël et de Poussin. Lié avec David et les artistes les plus distingués, il devint peintre à sa manière. Le premier, il osa introduire quelque chose de la vérité shakespearienne, malgré les cris et les feuilletons de la critique, les tracasseries de ses camarades, et les anathèmes des vieux amateurs, qui, fidèles aux admirations de leur jeunesse, lui opposaient Lekain, comme à Lekain leurs pères avaient opposé Baron. Il parvint à dégoûter du faux à force de montrer le vrai. « Enfin le succès couronna « mes efforts, dit-il, dans ses réflexions sur l'art « théâtral, et sans craindre que l'on m'accuse de « présomption, je puis dire que mon exemple « a eu une grande influence sur tous les théâtres « de l'Europe. Lekain n'aurait pu surmonter tant « de difficultés : le temps n'était pas encore venu. « Aurait-il hasardé les bras nus, la chaussure

« antique, les cheveux sans poudre, les longues « draperies, les habits de laine? Eût-il osé cho- « quer à ce point les convenances du temps? Cette « mise sévère eût alors été regardée comme une « toilette fort mal-propre et surtout fort peu dé- « cente. Lekain a donc fait tout ce qu'il pouvait « faire, et le théâtre lui en doit la reconnaissance : « il a fait le premier pas, et ce qu'il a osé nous « a fait oser davantage. »

Ce fut dans le rôle de *Brutus* que Talma fit voir, pour la première fois, la toge romaine. A son entrée dans le foyer, il fut en butte aux sarcasmes de ses camarades : l'un (1) lui demanda s'il avait mis les draps de son lit sur ses épaules. Un autre (2) lui dit en raillant qu'il avait l'air d'une statue antique. C'était au jugement du public qu'il en appelait. Dès son apparition, l'enthousiasme fut au comble : il vit dans ces marques non équivoques de contentement qu'il avait bien deviné son auditoire, et espéra dès-lors réussir dans sa glorieuse et pénible entreprise. Cependant, cinq jours après, tel est l'empire de l'étiquette, qu'il n'osa paraître avec la toge sur le théâtre de la cour.

Ce rôle de Brutus que Talma créa en 1792 et 1793, et qu'il n'a cessé de travailler depuis, est un de ceux où il semble s'élever au-dessus

(1) Vanhove.

(2) Madame Vestris.

de lui-même ; il y développe une connaissance si profonde de l'antiquité, une telle bonté de cœur unie à un stoïcisme si inflexible, une simplicité tellement inconnue jusqu'à lui, qu'il est impossible de ne pas reconnaître qu'il n'y a qu'un homme nourri en quelque sorte dans les guerres civiles, et qui en a profondément étudié et connu les effets, qui puisse rendre ce rôle avec autant de vérité. Talma avait été à même d'observer de plus près de nouvelles scènes, et de saisir de nouvelles couleurs. Sparte, Athènes, Rome, Corinthe semblèrent un moment reparaître à ses yeux, pour lui représenter le tableau des formes républicaines. Il assista en spectateur aux débats du forum, aux luttes du sénat et du peuple : l'austère simplicité de ces hommes, leur farouche énergie, leurs passions tumultueuses devinrent pour lui des sujets familiers d'études. Il fut au milieu des modernes le contemporain de l'antiquité. Il se promena sur cette terre de grands hommes et de grandes choses, comme sur le sol de la patrie. Dans ces temps d'une liberté exaltée et fanatique, où les esprits étaient avides d'un spectacle propre à leur inspirer la haine des rois, la tragédie de Charles IX devait obtenir une grande vogue. Talma prêtait d'ailleurs au rôle principal le charme de son beau talent. Cette pièce fut accueillie avec fureur. Des évêques effrayés de l'influence que pouvait avoir une nouvelle représentation, sollicitèrent auprès du roi la défense de représenter cet ouvrage. Louis XVI y consentit; mais Mirabeau, peu disposé à céder à la mitre, promit à Talma de faire demander Charles IX par ses Provençaux (1). En effet, le parterre provençal et parisien demanda à grands cris la suspension de l'ordre royal, et la continuation des représentations de l'œuvre de Chénier. Un acteur vint annoncer que, faute d'actrice, on se trouvait obligé de ne pouvoir contenter le public; Talma, alors en scène, prit la parole et dit qu'en effet un rôle manquait (celui de Catherine de Médicis), et qu'il ne doutait pas que Mme Vestris, quoique très-indisposée, ne fît tous ses efforts pour satisfaire le désir du public. Cette déférence devint le signal d'une dissension dans la comédie. Il ne fut plus possible de s'entendre : l'esprit de parti partagea les comédiens en deux factions. Talma, attaqué, se défendit dans une réponse imprimée : mais fatigué de ces débats politiques, il s'unit à Monvel, Dugazon, Mme Vestris, et fonda, sur le théâtre construit rue de Richelieu, une deuxième scène française, qui, par la supériorité des talens et la réputation des acteurs émigrés, prit le premier rang, et força plus tard les dissidens à se réunir à elle.

Quoique presque entièrement absorbé par ses

(1) On sait que Mirabeau était député de Provence : un grand nombre de Provençaux étaient à Paris.

nombreuses études dramatiques, puisqu'il tenait à la fois les premiers rôles comiques et tragiques, Talma ne put rester étranger à la révolution, à une époque, où comme dans Athènes, il n'était permis à aucun citoyen de rester neutre. Admis dans l'intimité de Mirabeau (1) et dans celle des Girondins, il suivit leur fortune. Tranquille, lorsqu'ils furent les maîtres et les appuis du parti triomphant; il fut dénoncé au tribunal révolutionnaire, comme complice des conspirateurs, lors de la procédure dirigée contre les vingt-un députés.

Échappé à l'échafaud par une sorte de prodige, à l'abri des convulsions politiques, il fut rendu à l'art théâtral. La retraite de Larive, en 1800, le laissa en possession des premiers emplois tragiques. Ses profondes connaissances, un sentiment exquis de toutes les convenances, le placèrent en peu de temps au-dessus de ceux qui n'avaient pas craint de se nommer ses rivaux. L'envie intrigua contre lui. Un aristarque habile, mais tant soit peu vénal, mit sa plume à l'enchère. Le célèbre tragédien dédaigna de l'acheter. Pendant plusieurs années, il fut victime

(1) Mirabeau habitait dans une maison qui appartenait à Talma, rue de la Chaussée-d'Antin. A la mort du Démosthènes français, notre Roscius fit placer un buste de son ami, avec cette inscription qu'il fit lui-même :

> L'âme de Mirabeau s'exhala dans ces lieux :
> Hommes libres, pleurez! Tyrans, baissez les yeux!

L'inscription a disparu; mais on voit encore le buste de Mirabeau.

des plus noires calomnies. Avait-il du succès dans un rôle, on n'en parlait pas, ou l'on voulait forcer l'opinion publique à le condamner. On écrivait et l'on feignait de croire que son talent n'était propre qu'à représenter de grands coupables; qu'il lui fallait des mélodrames. On lui reprochait des convulsions, une déclamation exagérée; des gestes plus propres à inspirer la terreur qu'à faire naître l'intérêt. Ses triomphes, l'assentiment du public, le vengèrent de ses zoïles. L'autorité elle-même se plut à lui offrir un dédommagement, en l'appelant à la place de professeur au Conservatoire, en 1807. Cette nomination nous conduit tout naturellement à citer l'opinion d'un de nos journaux, le Globe, sur une question souvent controversée : Comment se fait-il que Talma n'ait point fondé d'école?... « Talma, dit-il, a fait pour son art ce que notre grand peintre David a fait pour le sien (1) ; mais en quoi il diffère de David; c'est qu'il n'a point fondé d'École. Cette différence est remarquable: est-ce faute de sujets propres au théâtre? mais, fût-il vrai, ce que je suis loin de croire, que la réunion des qualités nécessaires au comédien

(1) En rendant hommage à David, on ne prétend pas étendre l'éloge à la section de son école qui s'obstine à rester stationnaire, ni à ceux des peintres actuels qui se montrent plutôt les copistes que les disciples de ce grand peintre. Si Talma avait fondé une école, ses véritables élèves ne seraient pas ceux qui feraient comme lui, mais ceux qui seraient aussi vrais ou même plus vrais que lui.

soit plus rare que celle des qualités qui font le grand peintre, encore aurions-nous dû voir quelques tentatives plus ou moins heureuses, et nous n'en avons vu aucune. Quelle est donc cette étrange fatalité, qui retient invinciblement les jeunes acteurs dans l'ancienne psalmodie, dont mademoiselle Duménil, Lekain, Monvel et Talma seuls ont su s'affranchir? ne serait-ce pas la nature et la composition même du répertoire tragique, écrit en grande partie exprès pour cette déclamation chantante et martelée? De quel art prodigieux Talma n'a-t-il pas eu besoin, non-seulement pour trouver et rendre le vrai; mais pour lutter contre le faux, dont sont empreintes plusieurs parties de ses plus beaux rôles? il lui a fallu presque toujours créer et ajouter une foule de nuances aux caractères qu'il avait à reproduire, et souvent changer même la physionomie de ses personnages. Corneille, par exemple, dans *Cinna*, a trop fait quelquefois d'Auguste un roi à la Louis XIV, et lui a prêté un faste de discours que lui reproche Fénélon; mais les bourgeois de Paris de 1640 n'auraient pu concevoir alors la royauté autrement. Aussi Corneille ne s'est-il plaint nullement de l'emphase et du large chapeau dont l'acteur surchargeait sous ses yeux ce personnage. Talma nous l'a rendu ce qu'il était, simple, comme nous le dépeint Suétone. Ne fait-il pas disparaître avec une égale adresse la couleur, un peu française, qui nous choque aujourd'hui dans Achille, et dans quelques autres rôles, d'ailleurs si admirables, de notre Racine? Par ce moyen, le répertoire classique devient, quand Talma le joue, véritablement romantique, ou, en d'autres termes, parfaitement adapté à nos idées actuelles. Aussi, quand certains journaux se plaignent qu'on ne va plus à la Comédie française, pour y admirer les anciens chefs-d'œuvre, mais seulement pour voir Talma, ils ont complétement raison; seulement ils ne tirent pas de ce fait toutes ses conséquences. »

Vers la fin de 1807, Talma fut atteint d'une effrayante maladie de nerfs. La scène française fut menacée de perdre son plus bel ornement; mais, grâce aux soins de ses habiles médecins, il fut conservé pour la gloire de son art et les plaisirs du public, admirateur éclairé. A sa rentrée, les rôles de Cinna, de Pyrrhus, de Warwick, du comte d'Essex, ne lui firent pas moins d'honneur que le rôle de César, dans la mort de Pompée. Il ne sera pas sans intérêt de savoir que Napoléon, qui, de tout temps, l'avait accueilli avec bonté, lui faisait quelquefois des réflexions critiques sur la manière dont il jouait certains rôles, dont son étonnante destinée lui révélait le caractère. A la suite d'une représentation de la mort de Pompée, il lui fit cette remarque : « En débitant cette longue tirade contre les rois, dans laquelle se trouve ce vers :

Pour moi, qui tiens le trône égal à l'infamie,

César ne pense pas un mot de ce qu'il dit. Il ne parle ainsi que parce qu'il a derrière lui ses Romains, auxquels il est de son intérêt de persuader qu'il a le trône en horreur ; mais il est loin d'être convaincu que ce trône, qui est déjà l'objet de tous ses vœux, soit une chose méprisable. Il importe de ne pas le faire parler en homme convaincu, et c'est ce qui doit être soigneusement indiqué par l'acteur. » Un artiste, aussi profondément versé dans son art ne pouvait manquer de tirer parti d'aperçus aussi neufs que justes. Lorsque cette tragédie fut représentée à Fontainebleau, Talma entra avec tant de vérité dans les intentions de Napoléon, que l'empereur déclara que pour la première fois il avait vu César.

La tragédie d'Esther avait été jouée à la cour dans les premiers jours de juillet 1806. Le lendemain, Talma s'était rendu, comme de coutume, au déjeûner de Napoléon, auquel assistait le ministre de l'Intérieur, M. de Champagny. La conversation tomba sur la représentation de la veille. « C'est un pauvre roi que cet Assuérus, dit Bonaparte à Talma ; puis se tournant presque au même instant vers le ministre : « Qu'est-ce que c'est que ces Juifs ? Faites-moi un rapport sur eux. » Le rapport fut fait, et environ quinze jours après, le 26 juillet 1806, fut convoquée la première assemblée des notables d'entre les Juifs, dont le but était de fixer le sort de cette nation, et de lui donner une existence légale. En mars 1808,

Talma s'essaya dans la comédie. Dans *Plaute* ou la *Comédie latine*, de M. Lemercier, il se montra grand acteur. Rien n'est au-dessus de la verve comique dont il anima ce rôle; et ceux qui ont assisté aux représentations de cette pièce, n'oublieront pas son expression énergique et son étonnante pantomime dans la scène du dénouement, où Plaute retrouve la cassette qui contient son or et ses manuscrits.

Vers le mois de septembre de la même année, Talma quitta Paris, pour paraître, comme lui disait Bonaparte, devant *un beau parterre de rois*. L'élite de la Comédie française se rendit à Erfurt. Le 6 octobre, l'empereur choisit pour spectacle la mort de César. Ce choix causa aux rois un sentiment de surprise et d'embarras. Chaque vers de cette tragédie était, dans la circonstance présente, une application directe a la situation de Napoléon, et à celle des rois et des princes confédérés. Cette bizarrerie amusait Bonaparte, qui, voyant en lui César, au milieu des conjurés, semblait défier la haine de ces têtes couronnées, et observait avec attention les moindres mouvemens de ces maîtres du monde, asservis à sa puissance, mais prêts à s'en affranchir. Jamais représentation ne fut plus extraordinaire. La contrainte des spectateurs était telle qu'aucun d'eux n'osait regarder son voisin, dans la crainte de faire une application. A son retour à Paris, Talma ne put créer que le rôle d'Hector (1809), et reparaître dans Macbeth, Hamlet et Othello; une maladie le força de s'éloigner du théâtre jusqu'en 1810.

Les années 1811, 1812, 1813 et 1814 ne virent paraître aucun ouvrage qui pût augmenter le répertoire de Talma, et encore moins ajouter à sa réputation. Le Mahomet II, de M. Baour-Lormian, le Ninus II, de M. Briffaut, le Retour d'Ulysse, et quelques autres compositions aussi peu dramatiques, ne lui présentèrent ni situations neuves, ni moyens sublimes. Mais en revanche, il aborda à cette époque le rôle de Tancrède, où il excita des transports unanimes par la chaleur et la vérité de son jeu. Dans l'Oreste d'Iphigénie en Tauride, qu'il joua quelque temps après, il se surpassa lui-même, et força, par ce nouveau triomphe, les détracteurs de son talent à devenir ses admirateurs. Si quelquefois sa brulante énergie et la force avec laquelle il sentait l'entraînèrent trop loin, c'est la faute de l'auteur et non la sienne. Un écrivain sans feu embarrasse l'acteur intelligent et le jette hors de mesure. Dans les rôles de Coriolan, d'Assur, de Ladislas, du Cid et beaucoup d'autres, Talma conserva cette vérité historique, cette couleur locale si peu respectée aujourd'hui, et qu'il rendit avec autant de succès qu'il l'avait fait dans Fayel de Gabrielle de Vergy, Épicharis et Néron, les Templiers, etc.; mais ce fut surtout dans Orosmane, dans Égyste d'Agamemnon, un des rôles les plus effrayans qui aient été conçus, que Talma déploya toute la force et la vérité de sentiment qui l'ont si éminemment distingué. Amant passionné et jaloux à l'excès, il nous fit concevoir, sous le turban turc, l'amour dans tout son délire et sans partage; revêtu du manteau des Grecs, il nous montra le rejeton du malheureux Thyeste, moins épris de l'épouse d'Agamemnon, qu'ambitieux et avide de ravir le sceptre de ce prince, en apaisant par sa mort l'ombre irritée de son père. Enfin, partout sublime, partout parfait et créateur, Talma était pour ainsi dire le génie même de la nature.

Lors de la première restauration, Talma fut traité avec bienveillance par le Roi, qui sut apprécier son rare mérite. En 1815, il alla voir Bonaparte : « Hé bien, lui dit celui-ci, on prétend que j'ai pris de vos leçons? Au reste, ajouta-t-il en souriant, si Talma a été mon maître, c'est une preuve que j'ai bien rempli mon rôle. » Puis changeant de conversation : « Hé bien! le Roi vous a bien reçu; il vous a bien jugé; vous devez avoir été flatté de son suffrage; c'est un homme d'esprit qui doit s'y connaître; il a vu Lekain. » On voit par ces détails que Talma ne fut pas moins l'objet de la faveur des princes, que de l'admiration du public. M$^{me}$ de Staël, elle-même si passionnée, a émis un jugement détaillé sur les principaux rôles de Talma, et il serait impossible de faire mieux ressortir le talent avec lequel ce grand acteur a rendu ou même dépassé les intentions du poète, en s'éloignant des traditions routinières du théâtre.

« Il me semble que Talma peut être cité comme un modèle de hardiesse et de mesure, de naturel et de dignité. Il possède tous les secrets des arts divers; ses attitudes rappellent les belles statues de l'antiquité; son vêtement, sans qu'il y pense, est drapé dans tous ses mouvemens comme s'il avait eu le temps de l'arranger dans le plus parfait repos. L'expression de son visage, celle de son regard, doit être l'étude des peintres. Quelquefois il arrive les yeux à demi-ouverts, et tout à coup le sentiment en fait jaillir des rayons de lumière qui semblent éclairer toute la scène. Le son de sa voix ébranle dès qu'il parle, avant que le sens même des paroles qu'il prononce ait excité l'émotion. Lorsque dans les tragédies il s'est trouvé par hasard quelques vers descriptifs, il a fait sentir les beautés de ce genre de poésie, comme si Pindare avait récité lui-même ses chants. D'autres ont besoin de temps pour émouvoir, et font bien d'en prendre; mais il y a dans la voix de cet homme je ne sais quelle magie qui, dès les premiers accens, réveille toute la sympathie du cœur. Le charme de la musique, de la peinture, de la sculpture, de la poésie et par-dessus tout le langage de l'âme, voilà ses moyens pour développer, dans celui qui l'écoute, toute la puissance des passions généreuses ou terribles.

« Quelle connaissance du cœur humain il montre dans sa manière de concevoir ses rôles!

« Lorsqu'Œdipe raconte à Jocaste comment il a tué Laïus, sans le connaître, son récit commence ainsi : *J'étais jeune et superbe.* La plupart des acteurs avant lui, croyaeint devoir jouer le mot *superbe,* et relevaient la tête pour le signaler : Talma, qui sent que tous les souvenirs de l'orgueilleux Œdipe commencent à devenir pour lui des remords, prononce d'une voix timide ces mots faits pour rappeler une confiance qu'il n'a déjà plus. Phorbas arrive de Corinthe au moment où Œdipe vient de concevoir des craintes sur sa naissance : il lui demande un entretien secret. Les autres acteurs, avant Talma, se hâtaient de se retourner vers leur suite et de l'éloigner avec un geste majestueux : Talma reste les yeux fixés sur Phorbas; il ne peut le perdre de vue, et sa main agitée fait un signe pour écarter ce qui l'entoure. Il n'a rien dit encore, mais ses mouvemens égarés trahissent le trouble de son âme, et quand, au dernier acte, il s'écrie en quittant Jocaste :

Laïus était mon père, et je suis votre fils,

On croit voir s'entr'ouvrir le séjour du Ténare où le destin perfide entraîne les mortels.

« Dans Andromaque, quand Hermione, insensée, accuse Oreste d'avoir assassiné Pyrrhus sans son aveu, Oreste répond :

> Et ne m'avez-vous pas,
> Vous même ici, tantôt, ordonné son trépas?

« On dit que Lekain, quand il récitait ce vers, appuyait sur chaque mot, comme pour rappeler à Hermione toutes les circonstances de l'ordre qu'il avait reçu d'elle. Ce serait bien vis-à-vis d'un juge; mais quand il s'agit de la femme qu'on aime, le désespoir de la trouver injuste et cruelle est l'unique sentiment qui remplisse l'âme. C'est ainsi que Talma conçoit la situation : un cri s'échappe du cœur d'Oreste; il dit les premiers mots avec force, et ceux qui suivent avec un abattement toujours croissant. Ses bras tombent, son visage devient en un instant pâle comme la mort, et l'émotion des spectateurs s'augmente à mesure qu'il semble perdre la force de s'exprimer.

« La manière dont Talma récite le monologue suivant est sublime. L'espèce d'innocence qui rentre dans l'âme d'Oreste, pour la déchirer lorsqu'il dit ce vers :

> J'assassine à regret un roi que je révère,

Inspire une pitié que le génie même de Racine n'a pu prévoir tout entière. Les grands acteurs se sont presque tous essayés dans les fureurs d'Oreste; mais c'est là surtout que la noblesse des gestes et des traits ajoute singulièrement à l'effet du désespoir. La puissance de la douleur est d'autant plus terrible qu'elle se montre à travers le calme même et la dignité d'une belle nature.

« Talma sut ôter à Bayard, dans la pièce de du Belloy, ces airs de fanfaron que les autres acteurs croyaient devoir lui donner. Ce héros est redevenu, grâce à Talma, aussi simple dans la tragédie que dans l'histoire. On s'étonne qu'un homme qu a si bien le sentiment de l'art antique sache se transporter dans le caractère du moyen âge avec autant de succès.

« Dans le rôle de Pharan, de la tragédie d'Abufar, où les couleurs de l'Orient, la mélancolie rêveuse des contrées asiatiques, où la chaleur consume la nature au lieu de l'embellir, se font admirablement sentir. Talma, tour à tour, grec, romain, chevalier, est un Arabe du désert, pelin d'énergie et d'amour. Ses regards sont voilés, comme pour éviter l'ardeur des rayons du soleil; il y a, dans ses gestes une alternative admirable d'indolence et d'impétuosité; tantôt le sort l'accable; tantôt il parait plus puissant encore que la nature, et semble triompher d'elle. La passion qui le dévore, et dont une femme, qu'il croit sa sœur, est l'objet, est renfermée dans son sein; on dirait, à sa marche incertaine que c'est lui-même qu'il veut fur; ses yeux se détournent de ce qu'il aime, ses mains repoussent une image qu'il croit toujours voir à ses côtés, et quand enfin il presse Saléma sur son cœur, en disant ce simple mot : *J'ai froid*, il sait exprimer tout à la fois le frisson de son âme, et la dévorante ardeur qu'il veut cacher.

« Parmi les tragédies du genre étranger, Hamlet est son triomphe. Les spectateurs ne voient pas l'ombre du père d'Hamlet, sur la scène française ; l'apparition se passe en entier dans la physionomie de Talma, et certes elle n'en est pas ainsi moins effrayante. Quand, au milieu d'un entretien calme et mélancolique, tout à coup il aperçoit le spectre, on suit tous ses mouvemens dans les yeux qui le contemplent, et l'on ne peut douter de la présence du fantôme, quand un tel regard l'atteste.

« Lorsqu'Hamlet arrive seul au troisième acte sur la scène, et qu'il dit en beaux vers français le fameux *To be or, not to be* :

> La mort, c'est le sommeil ; c'est un réveil peut-être.
> Peut-être. Ah ! c'est le mot qui glace, épouvanté,
> L'homme, au bord du cercueil, par le doute arrêté,
> Devant ce vaste abîme, il se jette en arrière,
> Ressaisit l'existence, et s'attache à la terre.

Talma ne faisait pas un geste ; quelquefois seulement, il remuait la tête pour questionner la terre et le ciel, sur ce que c'est que la mort. Immobile, la dignité de la méditation absorbait tout son être. L'on voyait un homme, au milieu de deux mille hommes en silence, interroger la pensée sur le sort des mortels. Dans peu d'années tout ce qui était là n'existera plus; mais d'autres hommes assisteront à leur tour aux mêmes incertitudes, et se plongeront de même dans l'abîme, sans en connaître la profondeur.

« Lorsqu'Hamlet veut faire jurer à sa mère, sur l'urne qui renferme les cendres de son époux, qu'elle n'a point eu de part au crime qui l'a fait périr, elle hésite, se trouble, et finit par avouer le forfait dont elle est coupable. Alors Hamlet tire le poignard que son père lui commande d'enfoncer dans le sein maternel; mais au moment de frapper, la tendresse et la pitié l'emportent, et se retournant vers l'ombre de son père, il s'écrie : *Grâce! grâce! mon père!* avec un accent où toutes les émotions de la nature semblent à la fois s'échapper de son cœur, et se jetant aux pieds de sa mère évanouie, il lui dit ces deux vers, qui renferment une inépuisable pitié :

Votre crime est horrible, exécrable, odieux;
Mais il n'est pas plus grand que la bonté des cieux.

« Il est sublime dans *Manlius*, qui n'est que le sujet de la Venise sauvée d'*Otway*, transporté dans un événement de l'histoire romaine. Avant Talma, l'on n'avait guère aperçu dans cette pièce, faiblement écrite, le passage d'amitié que Manlius ressent pour Servilius. Quand un billet du conjuré Rutile apprend que le secret est trahi par Servilius, Manlius arrive, ce billet à la main, s'approche de son coupable ami, que déjà le repentir dévore, et lui montrant les lignes qui l'accusent, il prononce ces mots : *Qu'en dis-tu ?* Je le demande à tous ceux qui les ont entendus, la physionomie et le son de la voix peuvent-ils jamais exprimer à la fois plus d'impressions différentes ; cette fureur, qu'amortit un sentiment intérieur de pitié ; cette indignation que l'amitié rend tour à tour plus vive et plus faible, comment les faire comprendre, si ce n'est par cet accent qui va de l'âme à l'âme, sans l'intermédiaire même des paroles ! Manlius tire son poignard pour en frapper Servilius ; sa main cherche son cœur, et tremble de le trouver. Le souvenir de tant d'années, pendant lesquelles Servilius lui fut cher, élève comme un nuage de pleurs entre sa vengeance et son ami. Talma est peut-être plus admirable dans le cinquième acte que dans le quatrième. Servilius a tout bravé pour expier sa faute et sauver Manlius. Dans le fond de son cœur, il a résolu, si son ami périt, de partager son sort. La douleur de Manlius est adoucie par les regrets de Servilius ; néanmoins il n'ose lui dire qu'il lui pardonne sa trahison ; mais il prend à la dérobée la main de Servilius, et l'approche de son cœur. Ses mouvemens involontaires cherchent l'ami coupable qu'il veut embrasser encore une fois avant de le quitter pour jamais. Rien, ou presque rien dans la pièce n'indique cette admirable beauté de l'âme sensible, respectant une longue affection, malgré la trahison qui l'a brisée. Talma sait donner à la tragédie de *Manlius* l'énergie qui lui manque; et rien n'honore davantage son talent que la vérité avec laquelle il exprime ce qu'il y a d'invincible dans l'amitié.

« Le rôle de Macbeth (1) réduit, comme l'a fait Ducis, au personnage d'un assassin vulgaire, qui cède aux conseils d'une odieuse mégère, et à la faible superstition d'un songe, est difficile à soutenir. Talma est admirable dans la scène qui suit l'assassinat, lorsque, se jetant dans un fauteuil, il s'écrie : *Il avait bien du sang;* et lorsqu'ensuite il veut prononcer le nom de Dieu, l'accent terrible de sa voix oppressée, son regard muet et fixe, tour à tour, peignent mieux que tous les vers de Ducis, l'horrible situation du personnage.

« Dans la scène des Sorcières, il faut le voir s'essayer à rendre quelqu chose de vulgaire et de bizarre, dans l'accent des sorcières, et conserver cependant dans cette imitation toute la dignité que notre théâtre exige.

Par des mots inconnus, ces êtres monstrueux,
S'appelant tour à tour, s'applaudissaient entr'eux,
S'approchaient, me montraient avec un ris farouché :
Leur doigt mystérieux se posait sur leur bouche.
Je leur parle, et dans l'ombre ils s'échappent soudain;
L'un avec un poignard; l'autre un sceptre à la main;
L'autre d'un long serpent serrait le corps livide :
Tous trois vers ce palais ont pris un vol rapide,
Et tous trois dans les airs, en fuyant loin de moi,
M'ont laissé pour adieu ces mots : Tu seras roi.

(1) Nous nous sommes permis d'ajouter quelques réflexions à celles de madame de Staël.

Sa voix basse et mystérieuse, en prononçant ces vers, la manière dont il plaçait son doigt sur sa bouche, comme la statue du silence; son regard qui s'altérait pour exprimer un souvenir horrible et repoussant; tout était combiné pour peindre un merveilleux nouveau sur notre théâtre, et dont aucune tradition antérieure ne pouvait donner l'idée. »

Dans les pièces tirées de l'histoire romaine, Talma développe un talent d'un tout autre genre, mais non moins remarquable. On comprend mieux Tacite après l'avoir vu jouer le rôle de Néron; il y manifeste un esprit d'une grande sagacité; car c'est toujours avec de l'esprit qu'une âme honnête saisit les symptômes du crime. Napoléon n'était pas entièrement satisfait du jeu de Talma dans ce rôle. « Je voudrais, lui disait-il, reconnaître davantage dans votre jeu le combat d'une mauvaise nature avec une bonne éducation; je désirerais aussi que vous fissiez moins de gestes; ces natures là ne se répandent pas au dehors; elles sont plus concentrées; d'ailleurs je ne puis trop louer les formes souples et naturelles auxquelles vous avez ramené la tragédie; en effet, lorsque les personnes constituées en dignité, soit qu'elles doivent leur élévation à la naissance ou aux talens, sont agitées par les passions, ou livrées à des pensées graves, elles parlent sans doute plus haut, mais leur langage ne doit être ni moins vrai, ni moins naturel. En ce moment, ajoutait-il, nous faisons de l'histoire. » Ces remarques ne sont pas entièrement justes. Talma, en homme de génie, a su *fondre* le Néron de l'histoire et celui de Racine; il nous a tracé le portrait le plus ressemblant, le plus vivant, de ce monstre couronné. Il représente avec fidélité ce naturel de tigre, prêt à secouer le frein de l'éducation, retenu seulement par la faiblesse et par l'habitude; mais rompant enfin le vain obstacle que la bienséance oppose encore à ses passions malfaisantes. Dans ce rôle, ainsi que dans ceux de Manlius et de Nicomède, Talma a fait voir que son talent ne se bornait pas à exciter et à faire frissonner la multitude; mais qu'il savait encore charmer les connaisseurs par la peinture approfondie des mœurs et des caractères.

Dans son nouveau répertoire, Talma ne fut pas moins heureux qu'il ne l'avait été dans l'ancien. *Arthur de Bretagne*, *Démétrius*, *Germanicus*, *Misanthropie et Repentir*, *le Cid d'Andalousie*, *Mithridate*, *Jeanne Shore*, *Ebroïn*, *etc.*, *etc.*, lui fournirent tour à tour l'occasion de développer toute la flexibilité de son talent. Avant lui, tous les acteurs qui avaient rempli le rôle de Joad avaient été froids ou énergumènes : on ne les entendait pas, ou ils criaient. Lui seul rendit les intentions de l'auteur d'Athalie; il sut unir le calme auguste de la confiance de Dieu avec la chaleur et l'énergie du zèle. Dans le rôle de Sylla (1), il fut admi-

(1) 27 décembre 1821.

rable d'un bout à l'autre. Terrible dans la scène du songe, où il retrouve sous ses yeux les victimes dont il a peuplé les tombeaux; son sommeil était affreux. Combien il était majestueux et sublime! lorsqu'en présence des pontifes, des magistrats, du peuple, de l'armée, réunis au Forum, il montait à la tribune, promenait sa vue sur la foule qui, dans chacun de ses regards, croyait lire l'arrêt d'une victime; rendait compte de tout ce qu'il avait fait pour la gloire de Rome, motivait ses proscriptions, brisait ensuite la palme, symbole de sa puissance, faisait éloigner ses licteurs, et défiant la vengeance des Romains qu'il avait décimés, allait se mêler, seul et sanglant, au milieu du peuple, frappé tout à la fois de terreur et d'admiration. Quelle énergie il déployait dans le rôle de Régulus (1), lorsque ce Romain inflexible, après avoir supplié ses concitoyens de n'accorder ni paix ni trêve à leurs ennemis; après leur avoir promis que son ombre les guiderait dans la guerre d'extermination qu'il leur a fait jurer, s'échappe en s'écriant: *à Carthage!* L'ombre de Régulus semblait inspirer, en ce moment, notre grand tragédien. Ne voyait-on pas Bélisaire (2) lui-même dans cette pantomime qui rappelait le tableau de David? Quel jeu pathétique! quelle variété de talent! dans la scène

(1) 5 juin 1822.

(2) 28 juin 1825.

du troisième acte, où le héros ramène à la défense de Justinien les Romains réfugiés qui viennent lui offrir leur secours contre l'empereur; dans l'instant où, se plaçant à leur tête, il marche avec eux à la délivrance de Justinien et à la victoire, et enfin dans la scène où on le rapporte blessé et expirant sur un lit de drapeaux.

Dans Léonidas (1), où il avait mis le tableau de David en action, il sut corriger l'emphase lacédémonienne, avec un bonheur infini, et rendit simples les phrases les plus ambitieuses. Dans sa bouche, combien paraissait naturelle la réponse de Léonidas, lorsque, cédant aux instances d'Agis, il lui disait : *Rassure-toi, mon fils, tu mourras.* Il mettait dans son expression je ne sais quelle impatience mêlée de tendresse, d'admiration et de douleur austère qui saisissait. Partout simple, beau et grand, les sublimes paroles du roi spartiate, que la muse de l'histoire nous a conservées, ne trouvèrent jamais de plus sublime interprète. Et ce Charles VI (2) qu'il marqua du sceau de sa supériorité ordinaire ! Il s'éleva au-dessus de lui-même; alors il ne fut plus acteur mais véritablement l'auteur de la tragédie; en effet, aux intentions de l'auteur il avait substitué les siennes. C'était lui qu'on écoutait, qu'on admirait et qu'on applaudissait. « Tout occupé

(1) 27 novembre 1825.

(2) 6 mars 1826.

de ses gestes, du son de sa voix, de l'expression de sa physionomie, disait un critique, je me surprends quelquefois moi-même, oubliant ce qu'il dit, pour ne penser qu'à ce qu'il sent. » En un mot, ce que l'auteur avait fait, à chaque instant l'acteur le refaisait.

Talma fit une incursion tardive, mais heureuse dans la comédie, car ni *Falkland*, ni *Béverley*, ni *Meyneau*, ne sont du domaine comique. Ce fut dans *l'École des Vieillards* (1). A la première représentation, il parut d'abord éprouver quelques craintes : de ce sentiment qui honore sa modestie, était résulté d'abord un peu d'incertitude dans ses gestes, dans sa démarche, et même dans sa pononciation ; mais dans les suivantes, plus sûr de lui, de sa mémoire, de sa pantomime, un reste d'habitudes tragiques avait disparu ; il fut franc, naturel, simple même, et familier, quand il fallut l'être ; terrible dans l'explosion de la jalousie, et sublime, ce qu'on n'aura pas de peine à croire, dans l'admirable scène du duel (2). Dans les derniers temps, quand Talma paraissait, nos aristarques, las d'épuiser les formules variées de la louange, se contentaient de dire, comme Voltaire, à la lec-

(1) 4 décembre 1823.

(2) Ce sont les propres expressions de M. Duviquet, et ce jugement fut généralement adopté. Des feuilles éphémères, mortes ou mourantes, ont seules cherché à dénigrer T[illegible] serpent mordait bien la lime.

ture des œuvres de Racine : *C'est bien ! très-bien ! parfait ! admirable !*

Ce n'est pas dans notre siècle qu'on pouvait lui chercher des rivaux ; aussi a-t-on exhumé Lekain, pour les mettre en présence, et nommer le vainqueur. Ne vaut-il pas mieux imiter la sagesse de ce vieillard, qui s'exprime en ces termes :

Lekain, plus varié, plus pompeux, plus égal,
De ses nobles douleurs attendrissant la scène,
D'un air de majesté fit pleurer Melpomène,
Le diadême au front, et le sceptre à la main.
Sous sa toge, Talma me montre un vieux Romain,
Tonnant dans le sénat, égal aux dieux de Rome,
Ses pleurs sont d'un héros, sa douleur est d'un homme.
L'un déploya plus d'art, de grâce et de fierté,
L'autre a plus de franchise et de simplicité.
Tous deux profonds, tous deux dignes qu'on les admire.
L'un touchait, ravissait, l'autre oppresse et déchire.
A Lekain, de grand cœur, j'ai vingt ans applaudi ;
J'entends son successeur ; je pleure, et je me di :
Pourquoi les opposer sans cesse l'un à l'autre ;
Lekain, né pour son siècle, et Talma pour le nôtre,
M'ont procuré tous deux un plaisir différent ;
J'ai joui du passé : jouissons du présent.

Et nous aussi nous pouvons dire comme ce vieillard, nous avons joui du passé, mais nous ne pouvons pas ajouter : jouissons du présent. La mort vient de frapper la gloire, le seul soutien de notre scène tragique. Talma a succombé aux douleurs d'un cancer, le 19 octobre 1826. Un vénérable prélat était venu trois fois lui offrir les consolations de la religion ; mais il n'a pu pénétrer jusqu'à lui. Qu'ont donc prétendu ceux qui l'entouraient? Ont-ils vu une volonté irrésistible dans un écrit dicté par la prudence, et ont-ils pensé que l'opinion publique serait d'accord avec leur conduite? Nous l'ignorons. Mais s'ils ont été égarés par un zèle mal entendu, pourquoi faut-il gémir encore sur leur indolence à remplir les devoirs les plus sacrés, ceux que nous prescrit la nature? Puisse notre douleur commune dédommager Talma de l'indifférence de ceux qui reçurent ses derniers soupirs; puissent les regrets des appréciateurs de son talent, alléger la terre qui couvre ses restes inanimés.

www.ingramcontent.com/pod-product-compliance
Ingram Content Group UK Ltd.
Pitfield, Milton Keynes, MK11 3LW, UK
UKHW020401250726
13967UKWH00005B/2415